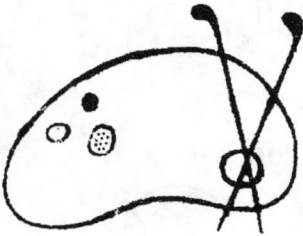

Début d'une série de documents
en couleur

Couverture inférieure manquante

# LE PÈRE JOSEPH ET RICHELIEU

—

## L'AVÈNEMENT DE RICHELIEU AU POUVOIR
## ET LA FONDATION DU CALVAIRE

PAR

## G. FAGNIEZ

PARIS

ALPHONSE PICARD, ÉDITEUR

82, RUE BONAPARTE, 82

—

1889

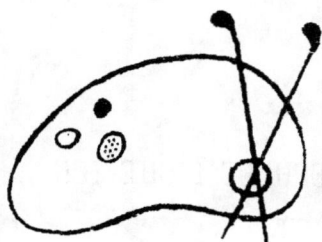

Fin d'une série de documents
en couleur

# LE PÈRE JOSEPH ET RICHELIEU

—

## L'AVÈNEMENT DE RICHELIEU AU POUVOIR

### ET LA FONDATION DU CALVAIRE

*EXTRAIT DU COMPTE RENDU*

**De l'Académie des sciences morales et politiques**

(INSTITUT DE FRANCE)

PAR M. CH. VERGÉ

*Sous la direction de M. le Secrétaire perpétuel de l'Académie*

# LE PÈRE JOSEPH ET RICHELIEU

---

## L'AVÈNEMENT DE RICHELIEU AU POUVOIR
## ET LA FONDATION DU CALVAIRE

PAR

### G. FAGNIEZ

---

## PARIS

ALPHONSE PICARD, ÉDITEUR

82, RUE BONAPARTE, 82

---

1889

# LE PÈRE JOSEPH ET RICHELIEU

## L'AVÈNEMENT DE RICHELIEU AU POUVOIR
### ET LA FONDATION DU CALVAIRE

Le Père Joseph avait été conduit à Rome par trois grandes entreprises : les missions de Poitou, la croisade contre les Turcs, la fondation du Calvaire. On connait les deux premières (1), nous voudrions tenter d'intéresser à la troisième des lecteurs pour la plupart peu prévenus en faveur d'œuvres religieuses qui s'isolent du monde et choquent la morale commune et pratique en s'attachant à la recherche de vertus singulières et en apparence stériles. Mais, avant de nous engager, à la suite du Père Joseph, dans les sereines et froides régions de la vie spirituelle, nous allons rester encore un peu avec lui dans le siècle, et retracer son intervention dans les événements qui se sont déroulés depuis la mort du maréchal d'Ancre (24 avril 1617) et qui ont abouti à l'installation définitive de Richelieu au pouvoir (août 1624.) S'il est vrai de dire que c'est Richelieu qui a fait du Père Joseph un homme politique, en ce sens qu'il l'a associé au maniement constant et quotidien des affaires, on peut, dans une certaine mesure, dire également l'inverse; il est certain, du moins, que, si le cardinal est rentré au gouvernement pour ne plus le quitter, il l'a dû en partie au capucin. Jeté

(1) Voy. *Le Père Joseph et Richelieu : le projet de croisade* (1616-1625).

dans le cloître par le dédain des satisfactions que son ambition pouvait se promettre, celui-ci allait se trouver ramené dans le monde par ses entreprises religieuses même et par son dévouement à Richelieu. Quel rôle y joua-t-il, et en quoi consista le concours dont ce dernier lui fut redevable ? c'est ce que nous essayerons de montrer.

Le moment où le Père Joseph revenait en France (juin 1617) était celui où Richelieu, poursuivi par les soupçons du duc de Luynes dans l'exil où il avait accompagné la reine-mère, se séparait de cette princesse pour aller vivre dans son diocèse. Si, à la veille de quitter le souverain pontife, notre capucin se représentait la situation de son pays comme un « obscur labyrinthe où il tremblait d'entrer (1), » combien ne devait-il pas douter davantage de lui-même et du succès de ses entreprises en ne retrouvant plus au gouvernement Marie de Médicis ni Richelieu, c'est-à-dire les deux principaux appuis sur lesquels il comptait ! On peut cependant affirmer que pour aucun des nouveaux dépositaires du pouvoir il n'était un inconnu; il était particulièrement bien accueilli par ceux qu'il appelle dans ses lettres « les amis du roi » c'est-à-dire par le favori et ses créatures. Aussi en obtint-il facilement l'autorisation d'aller calmer les ressentiments de la reine-mère. Dans une lettre au cardinal Borghese du 13 septembre 1617 il se flatte d'y avoir réussi. La condition de cet apaisement, c'était le rappel de Richelieu auprès d'elle. Le Père Joseph espérait que le roi allait l'accorder et la bonne influence que l'évêque de Luçon exerçait de loin sur sa maîtresse, fournissait, en effet, un argument en faveur de cette mesure (2). Malheureusement, la modéra-

(1) « ... come tutto spaventato d'entrare in quello oscuro labirintho, nel quale all'hora si ritrovan le cose di questo regno. » Paris, 13 avril [1618]. *Inédit.*

(2) « Vanno poco a poco radolcite le cose del Re con la Regina madre. Fra Gioseffo ha parlato con lei con licenza del Re. Par che essa stia con

tion recommandée par le premier et adoptée par la seconde ne pouvait tromper la clairvoyance du favori sur l'intérêt capital qu'il y avait à les tenir séparés. Aussi se fit-il un système d'accueillir et peut-être de provoquer des dénonciations incessantes sur l'un et sur l'autre. Dans la petite cour de Marie de Médicis, à Blois, parmi ceux qui se donnaient pour défendre auprès du roi ses intérêts et ceux de Richelieu, il y avait plus d'un personnage équivoque. Tel était un intrigant italien nommé Tantucci, dont les services appartenaient au plus offrant, tel l'évêque de Béziers, Bonzi, dont le zèle pour la reine-mère cachait l'arrière-pensée de supplanter dans sa faveur l'évêque de Luçon (1). Désespérant de dissiper par sa conduite et par ses perpétuelles apologies une défiance systématique, celui-ci fit appel à l'intervention du Père Joseph (fin septembre 1617.) Depuis les négociations de Loudun, c'est-à-dire depuis environ quinze mois ils ne s'étaient pas revus, mais leurs sentiments réciproques n'avaient nullement souffert de cette séparation, dont le long séjour du Père Joseph à l'étranger avait été la principale cause. Richelieu avait appris que son ami était en relation d'estime et de sympathie avec Déagent, l'un des familiers du duc de Luynes, et il lui demandait d'obtenir de ce personnage l'emploi de son influence pour persuader le roi et le favori de sa parfaite innocence. L'évêque de Luçon était déjà en rapports personnels avec Déagent ; déjà ce

animo tranquillo e da buon essempio. Si tratta che il vescovo di Lussone sia per star di nuovo con la Regina madre col gradimento del Re, restando la Regina madre unicamente e sommamente in confidenza con il d° Lussone, il qual mantiene, benche di lontano, con i buoni consigli la Regina madre nella dovuta tranquillita e lontananza di dar sospetto delle cose sue. Il Re vuol esser ubidito tanto che nissun altro di i suoi antenati e dà grandissimi segni di pieta e valore. » Le P. J. au card. Borghese, 13 sept. 1617. *Inédit.*

(1) Voy. un mémoire apologétique inédit de Tantucci et Avenel, VII, 386 n. 2, 402.

dernier, dont la loyauté en cette circonstance n'est pas à l'abri du soupçon, recevait ses protestations et ses confidences, lui adressait ses conseils et se faisait sa caution ; la recommandation du Père Joseph ne pouvait que le confirmer dans les sentiments de bienveillance dont il paraissait animé. N'était-il pas déplorable, écrivait Richelieu au capucin, de voir le parti que les huguenots tiraient des calomnies dont il était l'objet pour affaiblir à l'avance l'autorité de la réfutation qu'il était à la veille de publier contre eux et qui absorbait tous ses instants (1) ?.. Mais il y a des circonstances où la réserve la plus grande, l'abnégation la plus complète ne peuvent désarmer la méfiance et l'hostilité : le 7 avril 1618, Richelieu était relégué dans le comtat d'Avignon, en terre papale.

C'était un peu avant l'époque où le Père Joseph se mettait en route pour l'Espagne. Nous avons dit ailleurs (2) ce qu'il allait y faire, et l'on se rappelle qu'il en revint au mois de janvier 1619.

L'évasion de la reine-mère, de Blois, dans la nuit du 21 au 22 février de cette année, sa retraite à Angoulême, dans le gouvernement de l'altier et puissant d'Epernon, inspirèrent à Luynes de vives inquiétudes. Elles étaient justifiées : le secret avec lequel le complot avait été dérobé à sa vigilance, la présence à sa tête du membre le plus important peut-être de la nouvelle féodalité, l'intérêt que semblait devoir inspirer dans le pays la veuve de Henri IV, la mère de Louis XIII, persécutée par un parvenu sans titres et sans prestige, tout pouvait faire craindre à celui-ci une faction étendue et puissante. Témoin de ses perplexités, Déagent

(1) Richelieu au P. J., fin sept. 1617. Avenel, VII, 412. L'ouvrage auquel Richelieu fait allusion est celui qui parut en 1618 sous le titre : *Les principaux points de la foy de l'église catholique deffendus contre l'escrit adressé au Roy par les quatre ministres de Charenton.*

(2) Voy. l'épisode déjà cité : *Le Projet de croisade.*

lui conseilla de consulter le Père Bérulle et le Père Joseph. Tous deux furent d'avis de faire porter à la reine-mère par une personne jouissant de sa confiance, des paroles conciliantes, ils désignèrent son aumônier, Sébastien Bouthillier, abbé de la Cochère et doyen du chapitre de Luçon. Cette proposition, qui fut agréée, tendait à deux fins : adoucir les sentiments, modifier les résolutions dont la conduite de Marie de Médicis semblait être l'indice, et fortifier chez elle, au moment où elle obéissait à de nouvelles influences, le regret de l'absence de Richelieu, le désir de le rapprocher de sa personne. Si Sébastien Bouthillier allait défendre à Angoulême la cause de la tranquillité publique et par cela même celle du favori, il allait aussi sauvegarder le crédit de Richelieu menacé par les nouveaux conseillers de sa maîtresse (1). Personne n'était plus propre à cette double tâche que l'abbé de la Cochère. Nous venons de dire qu'il était aumônier de la reine-mère, ajoutons que, comme son père et ses trois frères (2), il avait été introduit par Barbin dans le cercle intime présidé par Léonora Galigaï (3). Quant à ses relations avec l'évêque de Luçon, elles étaient bien antérieures à l'époque où il était devenu le doyen de son église épiscopale, et c'était, au contraire, grâce à l'amitié qui les unissait depuis l'enfance qu'il avait obtenu ce bénéfice. On se souvient qu'ils avaient été élevés ensemble, Bouthillier père ayant entouré les enfants orphelins de François du Plessis et de Suzanne de la Porte des mêmes soins et de la même affection que les siens propres (4). De retour d'Angoulême, Sébastien Bouthillier se

(1) Lepré-Balain, *Vie ms. du P. Joseph.*
(2) Claude, Victor et Denis. Le père s'appelait Denis Bouthillier de Fouilletourte. Avenel, I, 702 n. 3.
(3) Montglat, *Mémoires.*
(4) *Mémoires de Montglat* et Avenel, *La jeunesse de Richelieu* dans *Revue des Questions historiques*, VI.

joignit au Père Joseph pour suggérer à Déagent l'idée d'y envoyer Richelieu qui continuerait avec plus d'autorité la même œuvre d'apaisement. Luynes, dont l'intérêt le plus pressant était d'éviter la guerre civile, fût-ce par la rentrée en scène de celui en qui il pressentait un rival, accepta cette ouverture. Le frère du Père Joseph, Charles du Tremblay fut chargé de porter à l'évêque de Luçon l'ordre de se rendre auprès de Marie de Médicis (1). En le tirant de l'exil, en lui faisant confier par son ennemi déclaré le rôle de médiateur, ses deux amis lui rendaient un service dont on ne saurait exagérer l'importance ; ce rôle, qui le plaçait entre une maîtresse dominée par des hommes d'intrigue et d'action, ses libérateurs, et un favori dont rien ne pouvait désarmer la défiance, était, il est vrai, difficile, si difficile qu'il a fait planer sur lui le double soupçon d'avoir organisé contre ce favori une ligue redoutable et de lui avoir sacrifié les intérêts de la reine (2), mais il lui fournissait le moyen d'affermir son influence auprès d'elle et de se faire apprécier par le roi, dont les préventions n'étaient peut-être pas invincibles ; avant tout, il lui permettait de sortir de l'inaction et de l'oubli, qui, pour un ambitieux, sont pires que les situations les plus embarrassantes.

Richelieu arriva à Angoulême le 27 mars, non sans avoir été victime de l'excès de zèle du marquis d'Alincourt, gouverneur de Lyon, qui le fit arrêter et ne lui rendit la liberté que lorsque le baron du Tremblay lui eut fait connaître les ordres du roi. Il se heurta en arrivant à l'hostilité des rivaux que les derniers événements lui avaient donnés dans la faveur de sa maîtresse et qui exploitèrent contre lui son

(1) Nous avons combiné le récit de Lepré-Balain avec celui de Richelieu et de Siri. D'après les mémoires de Richelieu, Séb. Bouthillier serait allé trouver la Reine en même temps que Charles du Tremblay allait porter à l'évêque de Luçon les ordres du Roi. *Mém.*, I, 194, col. 2.

(2) Avenel, VII, 441.

abstention dans ces événements, l'origine et le caractère de sa mission ; divisés entre eux, Épernon, Ruccellaï, Chanteloube, tous se trouvèrent unis contre lui (1). Par sa souplesse et sa fermeté il rompit ce faisceau d'ennemis. Les incartades de Ruccellaï l'y aidèrent beaucoup. C'était un de ces « ultramontains » comme nos reines italiennes et la fortune de Concini en avaient trop attiré chez nous ; trahissant tous les partis, tour à tour rossé et bravache, il offrait un mélange de Scapin italien et de Matamore espagnol (2). Dans la lutte qu'il engagea contre ce personnage, l'évêque de Luçon fut secondé par le Père Joseph. Celui-ci lui transmettait, au nom du nonce Bentivoglio, les vœux et les encouragements de la curie, très hostile à Ruccellaï, il se concertait avec lui pour faire échec à cet intrigant (3). Richelieu réussit à faire prévaloir son influence et ses idées de conciliation : la paix fut signée à Angoulême le 31 avril, et quelques mois après, le marquis de Mosny (4), chaud partisan de Ruccellaï, puis Ruccellaï lui-même, convaincus que la lutte n'était plus possible, quittaient cette ville. La paix, toutefois, ne ramena pas la reine-mère près du roi aussi vite qu'on avait pu l'espérer ; la défiance de Marie de Médicis, l'inexécution des engagements stipulés en sa faveur par le traité, la retinrent à Angoulême. Le 17 Juillet, le Père Joseph,

(1) *Mém. de Richelieu.* I, 194, col. 2, et Avenel, IV, 656. La façon dont le secrétaire du duc d'Épernon présente les rapports de son maître et de Richelieu en ces circonstances (Girard, *Vie du duc d'Épernon,* II, 407 et suiv.) ne nous a pas paru pouvoir infirmer le témoignage de l'évêque de Luçon, qui range d'Épernon au nombre de ces adversaires ; unis contre Ruccellaï, ces deux personnages, ambitieux du premier rôle, ne pouvaient qu'être divisés entre eux.

(2) *Mém. de Richelieu,* I, 194-200, 268 col. 2-269.

(3) Bentivoglio à Borghese, 8 mai et 2 juillet 1619. Siri, IV, 634. *Mém. de Richelieu,* I, 268 col. 2.

(4) Louis de la Marck, marquis de Mosny, premier écuyer de la reine régnante et commandant du régiment de la reine-mère.

qui était à Tours, partit pour Angoulême afin de la rassurer
et de la décider à venir à la cour ; honoré de sa bienveillance, en étroite intelligence avec Richelieu (1), il était dou-
blement désigné pour cette tâche. De concert avec l'évêque
de Luçon, avec le Père de Bérulle et le Père Suffren, confesseur de la reine, il travailla à rétablir la confiance entre
cette dernière et le favori par l'échange de mutuelles assurances. Tous quatre furent d'accord pour penser que le
Père Arnoux, confesseur du roi, qui s'était montré l'agent
dévoué du duc de Luynes, devait écrire à la reine-mère une
lettre où il la convierait à se réunir à son fils, lui promettrait
pour le duc d'Épernon et ses autres alliés un traitement
favorable, pour elle-même le libre choix de sa résidence et
se porterait fort qu'on fermerait l'oreille aux insinuations
et aux calomnies dont elle pourrait être l'objet. La substance
de cette lettre (2) fut délibérée entre ces quatre personnes
et envoyée par le Père Suffren à son confrère. Ce fut probablement le Père Joseph qui fut chargé d'en remettre le
projet à son adresse, ainsi que des lettres de Richelieu à
Luynes et au cardinal de Retz (3). Ces dernières le présen-
taient comme l'interprète le plus fidèle des sentiments de
celui qui les avait écrites, comme le directeur de sa
conscience et l'accréditaient pour traiter des intérêts de la

(1) Bentivoglio à Borghese. Tours, 16 juillet 1619. Siri, V, 40.
M. Avenel a reculé à tort ce voyage (VII, 471 n. 1), pour l'avancer trop
ensuite (VIII, 190), ce qui est d'autant plus étonnant qu'il connaissait la
dépêche de Bentivoglio.

(2) On la trouvera dans Avenel, VII, 469.

(3) C'est alors, selon nous, que fut écrite la lettre par laquelle Richelieu adressait le P. Joseph au P. Arnoux pour lui porter les assurances
de son désir de travailler à l'union du roi et de sa mère. Cette lettre,
datée par Avenel d'avril 1619, ne fut pas envoyée (I, 593), peut-être
parce que le P. Joseph n'avait pas besoin d'être accrédité auprès du
P. Arnoux, pour qui il n'était pas un inconnu.

reine (1). Il était revenu à Tours à la fin d'août (2). Ses
efforts, ceux de Richelieu et des partisans de la conciliation
semblèrent triompher ; peu de temps après le retour de
notre capucin en Touraine, le roi et sa mère eurent une
entrevue à Cousières, chez le duc de Montbazon et passèrent
plusieurs jours ensemble à Tours. Mais les provocations du
favori, l'obstination de Marie à rester dans son nouveau
gouvernement d'Angers, ses illusions en se voyant en quelque temps à la tête d'un parti considérable, rendirent la
guerre civile inévitable. La soumission rapide de la Nor-

(1) Richelieu à Luynes. Vers la fin d'août 1619. Avenel, VII, 471.
« Ayant de longue main cogneu le P. Joseph très affectionné à vostre
service, j'ay creu que vous auriez agréable que je vous réitérasse par luy
les protestations que je vous ay faites de la passion que nous avons tous-
jours. [Il vous représentera, en outre, quelques particularités importantes
au bien du service de Leurs Majestez, lesquelles je vous suplie recevoir
ainsy que d'une personne en la bouche de qui la vérité se trouve, et qui,
voyant en clair au plus profond de mon intérieur, ne vous rapportera que
ce qu'il y a recogneu]. Vous prendrez donc, s'il vous plaist, Monseigneur,
une parfaite créance en luy, et me tiendray très heureux si vous l'avez
de moy telle que je la désire pour estre recogneu de vous comme je suis
et seray toute ma vie, etc. » Les mots entre crochets ont été barrés et
remplacés par les suivants : « Il vous la représentera, je m'asseure, telle
qu'elle est en effet ; c'est ce qui fait, Monseigneur, que, ne pouvant rien
adjouster à son tesmoignage, je me contenteray de vous suplier de le
croire et moy pour estre entièrement comme je suis, etc. » Richelieu au
card. de Retz. Avenel n'a donné qu'une analyse de cette lettre, VII, 931.
Il n'est pas douteux que Richelieu désigne le P. Joseph comme son
confesseur, en parlant de lui au card. de Retz, comme d'un homme
« voyant à clair au plus profond de mon intérieur », et en parlant, dans
sa lettre au P. Arnoux (Avenel, I, 593), de « la connoissance qu'il a de
l'intérieur de ma conscience. »

(2) « Voyant que jusqu'à maintenant mon voiage a été différé pour
des occasions très utiles, et que je suis proche de vous voir bientôt, Dieu
aidant..... » Épître du P. J. aux Calvairiennes, 25 août 1619. Inédit. Bentivoglio à Borghese. Tours, 28 août 1619.

mandie, l'échauffourée des Ponts-de-Cé (7 août 1620) vinrent
révéler le peu de consistance de cette nouvelle faction et la
sagesse des conseils qui poussaient la reine à chercher non
dans les armes, mais dans un rapprochement avec le roi, le
rétablissement de son influence. La débandade des Ponts-
de-Cé ne découragea pas cependant tous ses partisans, il y
en eut qui lui conseillèrent de continuer la guerre au delà
de la Loire en donnant la main aux protestants du Poitou et
aux ducs d'Épernon et de Mayenne; on traverserait le fleuve
à Ancenis qu'on abandonnerait au pillage. Déjà, malgré la
résistance et la désolation des habitants, on faisait sortir de
la ville les femmes et les filles avant de la livrer aux soldats,
quand le Père Joseph, instruit de ce qui se passait, effraya
la reine de la responsabilité morale qu'elle encourait et en
obtint la révocation de cette mesure barbare. Il contribua
ensuite à faire renouer les négociations qui aboutirent au
traité d'Angers (10 août 1620).

La réconciliation de la mère et du fils entraînait celle des
chefs de leur conseil ; cette dernière fut scellée par la pro-
messe d'un chapeau de cardinal pour Richelieu et par un
projet de mariage entre sa nièce, Marie-Madeleine de
Vignerod du Pont-Courlay et un neveu de Luynes, Antoine
du Roure, marquis de Combalet. Ce fut le Père Joseph qui
arrangea cette union ; elle s'accomplit le 26 novembre, non
sans avoir rencontré de grands obstacles (1). Quant au

---

(1) « Un certain mariage entre les proches de leurs intimes [des
intimes du roi et de sa mère], que le vigilant avoit concerté, à quoy tout
l'enfer s'est opposé, a esté effectué. Les susd. me tesmoignent grande
confiance, voyant les bons effects qui les consolent fort. » Le P. J. à la
prieure de Lencloître [décembre 1620]. *Inédit.* « ... fatta la pace subito
L. ha maritato suo nepote in una nezza del vescovo di Lusson. » Anz.
Contarini. Poitiers, 22 août 1620. *Inédit.* L'ambassadeur vénitien veut
dire non que le mariage fut accompli, mais qu'il fut arrêté immédiatement
après la paix.

cardinalat, la duplicité avec laquelle Luynes manqua à sa
parole, tout en paraissant la tenir, devait démontrer l'impos-
sibilité d'une réconciliation sincère entre les deux rivaux.

Le Père Joseph vit dans cette pacification et dans la
concentration de forces militaires qu'elle laissait inoccupées,
des circonstances favorables pour entraîner le roi en
Béarn et y assurer par sa présence le rétablissement du
culte catholique. On sait que Jeanne d'Albret avait dépouillé
d) ses biens le clergé béarnais pour doter et ériger en
église nationale la religion protestante professée par la
minorité de ses sujets (1559)(1). Luynes hésitait à s'enfoncer
dans le midi, à s'éloigner du centre du gouvernement, à
laisser derrière lui la reine-mère sur l'hostilité de laquelle
il ne pouvait se faire aucune illusion, à imposer par la force
une mesure équitable et légale, mais destinée à avoir dans
toutes les églises protestantes du royaume un douloureux
retentissement, à y produire un ébranlement dangereux. Il
céda toutefois à la pression exercée par le Père Bérulle, le
Père Arnoux, les cardinaux de Retz et de La Rochefoucauld,
l'archevêque de Sens, le nonce, le prince de Condé et le
Père Joseph. Celui-ci contribua particulièrement à sa déci-
sion en se portant garant des intentions rassurantes de la
reine-mère et de l'évêque de Luçon (2).

L'autorité et la force dont le roi fit preuve en abolissant
l'église privilégiée et l'autonomie du Béarn, semblaient de

(1) L'abbé Puyol, *Louis XIII et le Béarn*, et particulièrement, pour
l'évaluation du nombre des protestants, note B, p. 52. L'affirmation contraire de Michelet (*Henri IV et Richelieu*, p. 357), sur la proportion des
catholiques et des protestants, est empruntée à Lescun et n'a pas, par
conséquent, de valeur.

(2) Lepré-Balain. Pesaro au doge, 30 sept. 1622. *Inédit*. Correspondance de Bentivoglio, p. p. L. Stefani, IV, nᵒˢ 2428, 2430, 2444, 2471,
2472 et *passim*.

nature à imprimer la crainte dans le parti protestant et à le
maintenir dans la soumission. C'est ce qui serait arrivé si
l'assemblée réunie à la Rochelle sans l'autorisation du roi,
désavouée par la presque unanimité des chefs de la religion
mais excitée par le fanatisme de quelques meneurs et d'une
population inquiète pour ses privilèges municipaux, n'avait
refusé de se dissoudre et jeté le défi à la royauté en orga-
nisant sur le papier un gouvernement insurrectionnel qui,
tout en ne pouvant fonctionner que d'une façon très
imparfaite, ne laissait pas d'être menaçant. Cette fois encore
Luynes hésitait, négociait ; cette fois encore, il finit par
obéir à l'impulsion des partisans de la politique catholique,
qui ce jour-là se confondait avec la politique nationale.
L'honneur de ce résultat revient pour une bonne part au
Père Joseph ; il n'agissait pas directement, mais il faisait agir
le cardinal de Retz et l'archevêque de Sens, Jean Davy du
Perron, auquel l'unissait une étroite intimité. La tiédeur de
Luynes le révolte, le zèle de du Perron le ravit. Dans ses
lettres spirituelles aux Capucins et aux Calvairiennes, à
travers le langage mystérieux, bizarre et plein de saillies
qu'il affectionna toujours, on entrevoit le mouvement auquel
se livrent ses amis, auquel il se livre lui-même pour pousser
le favori vers une politique active et énergique. Un jour
il écrit à une Calvairienne : « .... il faut à présent... demander la ruine de l'hérésie en ces quartiers.... priez (1) sans
cesse [pour] le bon prélat (2), c'est le bras de Dieu. Il
appelle à son aide l'inutile proche (3), il faudra qu'il y aille
dans un mois (4).... » Et à une autre religieuse, au mois de

(1) Il y a dans le texte : *offrez*, qui n'a aucun sens.
(2) Ce nom de convention désigne l'archevêque de Sens. Cela résulte
clairement de la fin de la lettre qui nous apprend que le *bon prélat* était
le frère du Cardinal du Perron.
(3) C'est le nom sous lequel le P. J. se désigne lui-même.
(4) Épître à une Calvairienne de Lencloitre. Non datée. *Inédit*.

décembre 1620 ; « Obtenez, je vous prie, l'affaire désirée contre l'hérésie, faictes que vos rigueurs (1) crient après Dieu. Sans cela l'on ne peut aller au loin (2), de l'un il faut aller à l'autre. Dieu y a disposé tellement toutes choses qu'il ne tient plus qu'au roy et à M. de L[uynes] de le vouloir, car ils le peuvent en se jouant et au hasard. Sathan les divertit par vains obstacles. Le prélat se tue après cela et presse vostre proche de l'aller secourir (3)..... » Parfois le découragement le saisit et il parle de fuir dans une retraite absolue le spectacle de l'hérésie triomphante et de la lâche inertie qui la tolère : « Quant à M. de L[uynes,] il y a tant d'aveuglement, d'inconstance et de désordre en tout que l'on ne scayt qu'espérer..... Il ne se résout pas de remédier à l'hérésie, qui va croissant de force...... Le bon prélat ne perd courage ny moy aussi.... Dans quinze jours on y verra plus clair..... que la Reyne et M. de Luçon soient grandement recommandés en vos prières, comme aussy le bon prélat, lequel faict par dessus la puissance humaine et combat généreusement en l'esprit de M. de L[uynes]...... il pourra estre que je serai par delà dans un mois, soit que l'on aille au remède contre les hérétiques ou non, car, si l'on ne fait rien qui vaille, je veux abandonner ce monde là et attendre que Dieu y mette la main, luy seul scayt la mort que c'est à mon esprit d'estre parmy telles ordures (4). » Et enfin à la même religieuse, le 31 janvier 1621 : « Le bon prélat persévère, croît en grace et en affection pour toutes bonnes choses, il combat presque luy seul généreusement et par escrit et par parole. Le prélat, vostre parent, n'est pas si ponctuel et attaché par les mesmes liens que le bon prélat, mais il peut et veut grandement ayder, il est une

(1) C'est-à-dire vos austérités.
(2) Contre le Turc.
(3) *Inédit*.
(4) Épître à la prieure de Lencloître. 24 janvier 1621. *Inédit.*

mesme chose avec vostre proche.... Vostre proche est résolu de parler en bref d'un bon ton et au nom de son maistre en l'union du bon prélat et voir s'il n'y aura pas moyen d'avoir entrée en l'esprit de M. de Luines.... ne craignez pas que cela puisse nuire audit proche, il ne fera rien de mal à propos et que l'on ne soit disposé de l'ouir. Dieu veuille y rémédier par les voies qu'il connoist, car il n'a pas espoir en ce qui est humain. Il veut que l'on le connoisse autheur du rémède et saura grand gré à qui se joindra à ses divines intentions. Il est vray que le temps s'approche, les secrettes dispositions des choses tournent à un grand effect de Dieu sur son peuple, et malheureux qui s'y opposera. Il faut aymer Dieu vengeur aussi bien que Dieu miséricordieux (1). »

L'une des causes de l'hésitation de Luynes, c'était la crainte des menées de la reine-mère. Le Père Joseph le rassura par l'organe du cardinal de Retz ; à Tours, où ils le rencontrèrent au moment où il ouvrait la campagne contre les protestants (mai 1621), la reine et l'évêque de Luçon cherchèrent à augmenter sa sécurité et, pour cela, il fut décidé que Marie de Médicis accompagnerait son fils. S'il faut en croire Lepré-Balain, on n'aurait pu arracher de Paris le nouveau connétable qu'en flattant son désir d'aller en Bretagne pour ajouter le gouvernement de cette province à ceux qu'il avait déjà ; après la prise de possession de Saumur, le Père Joseph, qui suivait l'armée, se servit de ses deux intermédiaires habituels, le cardinal de Retz et l'archevêque de Sens pour persuader au favori qu'il fallait avant tout poursuivre vivement la campagne en Poitou et n'aller en Bretagne que lorsqu'elle serait terminée ; les villes du Poitou, pratiquées par des intelligences, dont mieux que personne il avait le secret, étaient, disait-il, disposées à la soumission.

(1) *Inédit.*

Ce n'était pas seulement des rebelles qu'on allait soumettre, c'était des hérétiques qu'on espérait convertir. Jésuites et Capucins se mêlaient aux soldats pour les animer, les confesser et les soigner, et l'expédition avait quelque chose d'une croisade. A Saumur, c'est dans la chapelle de Notre-Dame des Ardiliers que Louis XIII tient son premier conseil de guerre, il y communie avec toute sa suite et l'on sort de ce sanctuaire vénéré, où le Père Joseph a ressenti le premier mouvement qui fera de lui le fondateur du Calvaire, plus exalté contre les huguenots (1). Le fanatisme, excité par les nouvelles d'Allemagne, s'empare de l'armée, chefs et soldats lacèrent les livres du gouverneur protestant, Du Plessis-Mornay (2). De Saumur on va à Jargeau, puis à Thouars, dont le duc de la Trémoille ouvre les portes et où notre capucin fonde un couvent de son ordre. Le roi passe à Parthenay et reçoit les clefs de Fontenay-le-Comte ; c'est la gouvernante de cette place, la veuve de Philippe Eschalard, baron de la Boulaye, qui les lui envoie ; l'homme dont elle suit les conseils l'a décidée à cet acte de soumission dont le Père Joseph lui a fait comprendre la nécessité (3). La résistance commença à Saint-Jean-d'Angély où commandait un homme entreprenant et résolu, *Benjamin de Rohan*, duc de Soubise. La place, déjà investie, fut canonnée pour la première fois le 1er juin, et le 22, le Père Joseph écrivait : « Cette ville tient plus longtemps qu'on ne pensait, l'on en a encore pour dix ou douze jours (4). » Elle ne résista pas si longtemps, elle se rendit sans conditions le 24. On eut beaucoup de peine à empêcher les soldats de la livrer au pillage ;

(1) Dép. de l'ambassadeur vénitien, 5 juin 1621, dans Zeller : *Le Connétable de Luynes*, append. n° 57. Vie d'Antoinette d'Orléans, par un religieux Feuillant, p. p. M. l'abbé Petit, p. 152-153.

(2) Corsini au Card. Neveu. Orléans, 20 mai 1621. *Inédit.*

(3) Lepré-Balain. Avenel, I, 434.

(4) Le P. J. à la supérieure de Lencloître. *Inédit.*

malgré l'opposition de leurs officiers, ils passaient par les brèches et commençaient à donner libre cours à leur cupidité et à leur brutalité. Le Père Joseph et ses religieux se jetèrent au milieu d'eux et leur popularité, leur rude et familière éloquence, aidées de l'énergie du duc d'Épernon et de Lesdiguières (1), décidèrent les pillards à rentrer dans leur camp. Notre capucin prêcha dans la principale église et obtint du roi, pour l'édification d'un couvent de son ordre, une partie de l'emplacement occupé par les fortifications, qui étaient destinées à être démolies (2). La reine-mère et Richelieu n'allèrent pas plus loin. Quant à Louis XIII et au connétable, laissant à d'Épernon le soin de bloquer et d'affamer par terre la Rochelle, ils s'enfoncèrent en Guyenne. D'après Lepré-Balain, le Père Joseph serait resté en Poitou, occupé à gagner au roi le pays qui environne la capitale de l'Aunis, à s'informer de tout ce qui se passait dans la ville elle-même et à y acquérir des intelligences, mais des lettres écrites par lui ou par ceux qui, comme lui, avaient poussé à la guerre et se défiaient de la persévérance du favori, attestent sa présence à Cognac, à Thoneins et à Clairac (3). Il faut en conclure que son biographe a avancé de quelques mois son séjour prolongé en Poitou et son travail de reconnaissance à la Rochelle et aux environs en vue d'un siège ardemment souhaité. Il est probable qu'il assista à la fin de la campagne, qu'il fut témoin de l'humiliation des armes du roi devant Montauban et de la mort du connétable (14 décembre 1621).

Ce dernier événement faisait disparaître le plus grand

(1) Zeller, 77-78. Girard, *Histoire du duc d'Épernon, 1673*, II, 476-77.
(2) Lepré-Balain.
(3) Le P. Arnoux à Richelieu, Cognac, 5 juillet 1621. — L'archevêque de Sens à Richelieu. Thoneins, 28 juillet 1621. — Épître à une culvairienne, écrite à l'époque du siège de Cognac. — Le P. Arnoux à Richelieu. Thoneins, 5 août [1621]. *Inédit.*

obstacle aux vues ambitieuses de Marie de Médicis et de son intime conseiller, mais ni l'un ni l'autre ne l'avaient attendu pour préparer la revanche de la révolution de palais qui, quatre ans auparavant, les avait brusquement précipités du pouvoir, et le Père Joseph les y avait aidés. Du jour où ils avaient été réunis, où la mère avait pu voir librement son fils et exploiter contre le favori les accès d'humeur auxquels le roi se laissa toujours aller contre ceux qui le dominaient, la lutte était devenue possible et elle avait recommencé. Dans cette lutte, la reine n'était pas isolée, elle pouvait compter sur l'appui des plus grands seigneurs du royaume, jaloux de l'élévation rapide de Luynes et de ses frères. « Il n'a pas parmi les grands un ami, écrivait le nonce Corsini, témoin hostile, il est vrai, mais en cette circonstance, véridique, il a particulièrement contre lui le duc de Montmorency, le duc d'Épernon, le maréchal de Vitry, mais tous le cèdent en animosité au jeune comte de Soissons, c'est-à-dire au second prince du sang. Quant à Condé, il devrait être uni à lui, ne fût-ce qu'à cause de l'hostilité qui leur est commune contre la reine-mère, et cependant le premier prince du sang, lui aussi, doit être rangé parmi les mécontents. Seuls les Guises, à cause de leur alliance de famille avec lui, font mine de le soutenir, mais c'est uniquement pour avoir part à sa fortune et, s'ils la voyaient ébranlée, ils se tourneraient contre lui (1). » L'accueil empressé que Marie de Médicis reçut de la population et des grands, quand elle revint à Paris au mois de novembre 1621, eut le caractère d'une manifestation hostile au connétable et sembla annoncer un nouveau parti ayant à sa tête, en face d'un favori impopulaire, la mère du

(1) Relation de Corsini, 4 oct. 1621, dans Zeller, 285. Aux personnages que nous avons nommés, il faut joindre le duc de Vendôme, qui, au mois d'août 1621, passait pour avoir levé 4.000 hommes de pied. Le marquis de la Force à la marquise. La Rochelle, 3 août 1621. Corresp. des La Force, II, 564.

souverain entourée de la noblesse et des États généraux (1).
Mais Luynes n'avait pas seulement à redouter quelques-unes
des grandes maisons du royaume ; parmi les hommes qui
possédaient l'oreille et la confiance du roi et dont le connétable se croyait sûr, il avait des ennemis secrets, qui travaillaient pour son rival. C'est le rôle qu'on est en droit
d'attribuer notamment à l'archevêque de Sens. Jean Davy
du Perron, à qui il n'a manqué, ce semble, pour attirer
davantage l'attention, que d'avoir une vie plus longue et un
frère moins illustre, était fort écouté du roi et du favori,
par son zèle religieux et son sens politique il avait acquis
une grande considération et était en passe de devenir cardinal (2). Or il entretenait avec la reine et Richelieu une
correspondance intime, celui-ci lui communiquait ses affaires, l'appelait son protecteur, son « confesseur, » entendez
ici son confident, et il avait, comme sa maitresse, trouvé en
lui un avocat zélé et autorisé près du connétable (3). A la fa-

(1) Dép. de l'ambassadeur vénitien, 5 décembre 1621, dans Zeller,
123-126.

(2) Relation de Corsini, dans Zeller, 284. « Ce digne personnage avoit
cet avantage d'être volontiers écouté du duc de Luynes » Lepré-Balain.
« ... et surtout M. de Sens, lequel, sans doute, a un grand pouvoir sur les
esprits, et se comporte en toutes choses avec une merveilleuse prudence
et une candeur et sincérité incroyables..... » Bouthillier de la Cochère à
Claude Bouthillier, son frère. Tours, dernier sept. 1620. *Inédit.* Voyez
encore les dépêches de Bentivoglio, nᵒˢ 2218, 2275, 2442, 2470.

(3) « Je croy que vous aurez receu les lettres que je vous ay envoyées
par la voye du bon Père, et appris par leur moyen la cause du silence où
je me suis trouvé depuis nostre séparation, qui est un peu d'indisposition
qui m'arriva à ce partir de Libourne. » L'archevêque de Sens à Richelieu.
Thoneins, 18 juillet 1621. *Inédit.* Le frère du P. Joseph, Charles du Tremblay, était quelquefois le porteur de cette correspondance. L'archevêque
de Sens à Richelieu. Preignac, 9 oct. 1620. Passé du service de Condé à
celui de la reine-mère, c'était un intermédiaire actif et sûr entre Richelieu et ses partisans. Aussi celui-ci montrait-il pour ses intérêts une
grande sollicitude.

con dont du Perron parle à Richelieu, à celle dont il parle du Père Joseph, on devine un ami secret, on peut dire un complice. Il pousse Luynes à la lutte contre l'hérésie et la rébellion, mais on sent qu'il voudrait voir cette entreprise dans de meilleures mains (1) et que la gloire de l'accomplir doit, à ses yeux, revenir à Richelieu. Tel était le sentiment auquel était arrivé le Père Arnoux, après s'être fait d'abord l'agent dévoué du connétable. Dès le siège de Saint-Jean-d'Angély, le confesseur du roi se révèle comme l'adversaire secret du duc de Luynes, qui était aussi son pénitent, et il exprime le vœu de le voir bientôt remplacé par l'évêque de Luçon. Le 2 juin 1621 il écrivait de l'armée à celui-ci :
« .... quand un nouveau chevalier faict aux fauxbourgs de Saint-Jean-d'Angély sur la tranchée (2) vous aura donné sa place effectivement, personne n'en sera plus aise (je n'excepte pas mesme le Père Joseph, à qui je cède dans vos affections) que moy (3)...... » Si le jésuite avait déserté la cause du connétable pour embrasser celle de l'évêque de Luçon, c'est que ce dernier lui apparaissait comme un serviteur plus résolu et plus capable de la politique catholique. Richelieu était devenu l'espoir des partisans de cette politique (4).

(1) *Mém. de Richelieu*, I, 238, 250.

(2) Luynes n'est pas le seul que Louis XIII se soit plu à armer chevalier ; il fit revivre aussi cette antique cérémonie en faveur de l'ambassadeur vénitien, Contarini. Voy. Zeller, *Le Connétable de Luynes*, 190.

(3) *Inédit*. « Il se justifie par les lettres du P. A. que, durant son séjour à la cour, il a négocié plusieurs affaires secrètes et importantes, dressé plusieurs mémoires lorsqu'il partit pour suivre le Roy au voyage de... 1621, et desquels il a recommandé depuis la sûreté et le secret avec grand soin. » Mémoire contenant les principaux points des lettres que le P. A., jés., avoit escrites à un nommé Oudin après qu'il fut chassé de la cour, présenté au Roi et dressé par un des commissaires députés par S. M. pour voir lesd. lettres et informer sur le contenu en icelles. De Coutras, du 23 sept. 1622 *Inédit*.

(4) Citons seulement le début de la lettre du P. Arnoux à Richelieu

L'idée qu'il a laissée de lui dans l'histoire semble sans doute difficile à concilier avec cette situation de protégé, de favori de ce qu'on appelait alors les « dévots, » mais cette difficulté n'existe que parce qu'on oublie l'affinité de ses sentiments avec les leurs pour ne penser qu'au rôle que les circonstances, autant que ses inclinations lui ont fait prendre. La vérité, c'est que Richelieu, évêque zélé, protecteur des missions du Poitou, controversiste très estimé, candidat au cardinalat, conseiller intime de la reine-mère, promettait à la majorité catholique du pays, alarmée par la crise que le catholicisme subissait en Europe, un ministre capable de le défendre et de profiter des imprudences des protestants français pour les désarmer et par une pression plus habile que violente les faire rentrer au giron de l'église. Ce qui est vrai, c'est que Richelieu, sans se compromettre avec aucun parti, se prêtait à ces espérances, d'abord parce qu'elles répondaient à ses idées et ensuite parce qu'elles lui assuraient l'appui de l'élément le plus considérable et le plus remuant de l'opinion. Le Père Joseph se faisait sa caution auprès du catholicisme militant. Il était avec le Père Arnoux dans les termes d'une intime familiarité (1). Moins mesuré, plus ardent que l'archevêque de Sens, le jésuite ne sut pas dissimuler ses sentiments et ses menées et une brusque disgrâce lui fit perdre la direction de la conscience royale. Ce que le favori, par un acte d'autorité qui devait

dont nous venons de citer la fin : « Quelle réponse saurois-je faire à vostre zèle ardent pour ce qui le plus importe et à l'honneur de vos lettres affectionnées qu'en vous assourant de fort bonne part et en un mot que l'enfer est perdu..... »

(1) « Il est impossible que je m'oublie jamais du tort que vous me fîtes hier. Je m'en suis déchargé au bon P. J.; je ne sais s'il me vengera comme il fault..... » Le P. Arnoux à Richelieu. Cognac, 5 juillet 1621. *Inédit.* C'est très probablement le P. J. que le P. Arnoux désigne en datant ainsi une lettre à Richelieu : « De Thoneins, ce 5 d'aoust [1621], au retour d'une promenade avec un qui vous veut bien du mal. « *Inédit.*

être le dernier, frappa en lui, ce fut l'ami de la reine-mère
et de l'évêque de Luçon non moins que le censeur des
ménagements gardés envers les hérétiques (1).

Le Père Arnoux et l'archevêque de Sens n'étaient pas les
seuls personnages de l'entourage du roi qui conspirassent
en faveur de Marie de Médicis et de Richelieu. On serait
d'abord tenté de ranger au nombre de leurs partisans le
cardinal de Retz, Henri de Gondi, chef nominal du conseil.
En effet, le résident florentin nous apprend qu'il ne faisait
qu'un avec le Père Arnoux (2), qu'il s'associa à ses menées
et qu'il aurait partagé son sort, si la pourpre ne l'avait
protégé (3). Que le cardinal de Retz se soit compromis dans
l'opposition du confesseur contre le connétable, on peut
l'admettre, mais, en critiquant la politique et les opérations
militaires de celui-ci, il n'avait pas la pensée de le renverser
et de mettre Richelieu à sa place. Fanatique et faible, subis-
sant facilement l'influence d'autrui, généralement timide
devant le pouvoir, redevable de la présidence du conseil à
son insuffisance même, mal dissimulée par sa gravité (4), il
redoutait Richelieu et chercha à entraver sa promotion au
cardinalat (5), il conserva, au contraire, jusqu'à la fin la
confiance de Luynes qui, en mourant, le recommanda au
roi (6). Comme le cardinal de Retz, le Père de Bérulle était

(1) Siri, V, 58. L'entente entre Richelieu et le P. Arnoux n'est nullement démentie par la sévérité avec laquelle il apprécie dans ses Mémoires
la conduite du P. Arnoux (I, 248.)

(2) Cf. *Mém. de Richelieu*, I, 248, col. 2

(3) Dép. du 15 déc. 1621, citée par Zeller, 352.

(4) Dép. du Nonce, 23 février 1622, dans Zeller : *Richelieu et les
ministres de Louis XIII*, p. 32. Cf. son portrait par Richelieu, *Mém.*,
I, 267, col. 2. Sur les sentiments du cardinal de Retz, voy. trois dépêches de Bentivoglio, du 15 et du 29 juillet et du 11 août 1620.
Nos 2363, 2374, 2406.

(5) *Mém. de Richelieu*, I, 249.

(3) *Mém. de Richelieu, loc. cit.*

en relation avec le Père Joseph et, tandis que celui-ci n'avait
pu vaincre les préventions d'Henri de Gondi contre Richelieu, il avait la satisfaction de pouvoir compter le fondateur
de l'Oratoire au nombre des adversaires du connétable et
des partisans de l'évêque de Luçon (1). Bérulle et Richelieu
avaient été rapprochés par des circonstances dont le souvenir fut longtemps plus fort que la diversité fondamentale
de leurs opinions et de leur nature. C'était à Luçon, sous le
patronage de son évêque que s'était établie la seconde maison de l'oratoire que la France ait possédée ; Bérulle avait
reçu le dernier soupir d'Henri de Richelieu tué en duel par
Thémines (2) ; on se rappelle son entremise entre la mère et
le fils ; tous deux enfin s'étaient voués aux intérêts de Marie.

Dans le groupe ou plutôt au premier rang des catholiques
militants nous rencontrons encore le nonce Corsini et le
cardinal François de La Rochefoucauld. L'hostilité du premier contre Luynes ne l'empêchait pas d'être l'adversaire
de Richelieu, en qui il voyait un rival au cardinalat (3).
Quant au second, qui offrait un mélange séduisant de piété,
de modestie, de science et d'urbanité (4), il restait étranger
à toutes les intrigues, se consacrait surtout à la réforme de
l'Église, et rien n'indique qu'il ait préparé ou simplement
souhaité la chute du favori et l'avènement de celui que les
catholiques lui donnaient pour successeur. On se hâta, après
la mort du cardinal de Retz, de l'appeler à la présidence du
conseil pour empêcher Richelieu d'y arriver.

(1) *Mém. de Richelieu*, I, 250.
(2) Richelieu au P. Cotton [fin juin 1619]. Avenel, 1, 603. Voy. dans
les *Mém. de Richelieu*, II, 50, col. 2, l'exposé des rapports de Richelieu
et de Bérulle.
(3) Avenel, I, 728, n. 1.
(4) Ameyden, *Elogia summ. pontificum*, etc. Ms.
« ... Oltre ad essere egli uomo che pende al severo e che non ha
italenti necessari per negotiare... » Bentivoglio à Borghese, 1er juillet 1620.
*Ubi supra*, n° 2333.

Au reste, cette énumération de ceux qui désiraient un changement de gouvernement et qui y travaillaient n'est certainement pas complète. Il faut y joindre notamment Tronçon, secrétaire du cabinet, et des personnages encore plus subalternes. Après la disgrâce du P. Arnoux, ses papiers furent saisis et examinés, ils établirent qu'il était d'intelligence avec Corsini, dont le confesseur était dans sa main, que son ordre lui fournissait des agents pour ses desseins, qu'il s'était notamment concerté à la Flèche avec le P. Fileau, recteur de la maison et six de ses confrères, pour faire chasser le connétable, que ses confidents et ses complices se recrutaient parmi les anciens ligueurs et parmi ceux qui avaient hérité de leurs doctrines, tels que Compagnon, Advocat, Pelletier (1). Des deux premiers le nom seul nous est connu, et nous ne le connaissons que par les papiers du P. Arnoux. Ce n'est pas, au contraire, la première fois que celui de Pelletier se présente à nous. Ce personnage, si complètement et si justement oublié, était ce que nous appellerions aujourd'hui un « publiciste », il servait de secrétaire à la reine-mère et écrivait sur les questions du jour dans un esprit favorable à sa maîtresse, aux jésuites et aux idées catholiques (2). Quand Richelieu fut nommé cardinal, Pelletier lui adressa une lettre qui était un panégyrique et qui fut rendue publique (3). C'est que cet événement était considéré comme un succès par le parti dont Pelletier était l'organe, c'est que ce parti croyait pouvoir compter sur les talents et sur l'avenir du nouveau prince de l'Église. On verra dans un instant que celui-ci

(1) Mémoire contre le P. Arnoux. *Inédit.*

(2) « Ce que M. Pelletier, bon ami de notre Compagnie, ne pouvant supporter, fit une apologie pour notre innocence... » *Mém. du P. Garasse,* p. 94. Pelletier à Richelieu. Paris, 18 septembre 1627. Coll. Godefroy, 270. Hotman-Villiers à Fancan, 12 oct. 1624. *Inédit.* Richelieu à la reine-mère, 2 oct. 1627. Avenel, VII, 961.

(3) Richelieu à Pelletier, [octobre 1622]. Avenel, I, 738.

avait des partisans qui attachaient à son élévation des espérances toutes contraires.

En résumé, des indices significatifs, quoique trop rares,
nous laissent deviner, pendant la dernière année de la vie
du connétable, l'existence d'une puissante cabale. Cette
cabale ne nous a pas livré tous ses secrets et l'on ne s'en
étonnera pas si l'on réfléchit que ce n'est pas pour cela que
se forment les cabales. En pareille matière, il ne faut pas se
montrer trop exigeant et l'on doit s'estimer heureux des
quelques traits de lumière qui sont venus tomber au hasard
sur les desseins, sur l'esprit, sur le personnel d'une opposition qui était à la fois une coterie à la cour et un mouvement d'opinion dans le pays. Grâce à ces traits épars, on
peut dire que cette opposition s'autorisait du nom de la
mère du roi, qu'elle considérait Richelieu comme le chef
du gouvernement de ses vœux, qu'elle se composait de
tous ceux qui étaient las de la politique indécise et inté-
ressée du connétable, mais cherchait principalement sa
force dans le courant catholique qui dominait dans les
classes moyenne et inférieure et se confondait en ce
moment, par l'imprudence des protestants, avec le sentiment national. Personne dans cette opposition ne travaillait
pour Richelieu avec plus d'ardeur que le Père Joseph.
Écoutons-le parler de lui ; nous aurons l'idée de la séduc-
tion exercée par le cardinal, de ce qu'il entrait d'admiration
dans les sentiments que le Père Joseph lui avait voués :
« Tenez pour vray, écrivait-il aux Capucins, que le bon
personnage duquel me parlez et auquel je fis ouverture de
l'affaire de Dieu (1) est *in visceribus meis ad convivendum
et commoriendum*. Faictes près de luy qu'il croisse chasque
jour en la sainte résolution d'employer pour luy les talens
considérables qu'il luy a donnés... j'ay veu cet aiglon
pendu à l'ongle (par les serres, dirions-nous aujourd'hui)

(1) La croisade contre les Turcs.

et approcher des rayons du soleil sans cligner les
yeux... (1) » Ce qu'il priait les capucins de faire, lui-même
le faisait tout le premier, car son admiration n'enlevait
rien à son indépendance, à son autorité : il demandait à
son ami un compte sévère des talents que Dieu lui avait
donnés, il combattait en lui, comme chez la reine, la
tiédeur, le relâchement, les vaines distractions auxquelles
la nature ouverte et mondaine de l'évêque-gentilhomme
se laissait aller (2). Pour lui, qui avait renoncé, en entrant
dans le cloître, à toutes les curiosités du siècle, qui consacrait exclusivement à Dieu et à la patrie les talents et
l'influence qu'il devait au monde, il considérait comme per-
dus tous les instants qui n'étaient pas employés à la défense
et à l'extension du catholicisme. C'était encore pour cette
grande cause qu'il agissait quand il cherchait à entretenir
le zèle des partisans de Richelieu et à en augmenter le
nombre.

Nous aurions un témoignage bien curieux des idées du
Père Joseph sur la conduite la plus propre à rétablir l'influence de la reine et de Richelieu, si nous pouvions lui
attribuer une lettre anonyme (3), sans suscription et sans
date, mais écrite certainement à ce dernier entre la mission
de l'abbé de la Cochère à Rome et la mort du duc de
Luynes. M. Avenel n'hésite pas à en faire honneur au
Père Joseph par ce motif que lui seul avait assez d'autorité
sur Richelieu pour lui adresser les conseils qu'elle con-
tient. Cette autorité était, en effet, sans rivale; en outre, le
plan de conduite conseillé à la reine-mère par l'auteur de
cette lettre et qui consiste à se renfermer dans une vie

(1) Inédit.
(2) « La Reyne et son amy ont faict scavoir qu'ils ont des mouvemens
fort particuliers de se donner tout à Dieu et se consacrer à sa gloire. »
Le P. Joseph à une religieuse Calvairienne, [août 1621]. Inédit.
(3) Avenel, I, 685, n. 1.

privée, à affecter le désintéressement absolu des affaires
publiques, ne répugne nullement à l'origine adoptée par
M. Avenel. Mais, si l'on examine de plus près le document
en question, on est amené à lui en attribuer une autre.
Il est impossible que le Père Joseph ait envisagé les pra-
tiques de dévotion recommandées à la reine uniquement
comme des manœuvres destinées à tromper ses ennemis
sur ses visées ambitieuses. En outre, le style n'est pas celui
du Père Joseph, on n'y trouve pas la force et la véhémence
du sien ni ces dissonances qui sont comme les éclats de
passion de son âme ardente. Enfin l'auteur se décèle clairement quand il écrit : « Au surplus, il fault que la reyne et
vous pareillement acquériez du crédit parmy les bons
François ; que vous ne faciez point paroytre d'avoir une
estroite intelligence avec les maison et religion qui sont
suspectes à la France, et la reyne ne feroit pas peu pour
ses affaires si elle prenoit quelquefois un bon docteur de
Sorbonne ou quelque bon chartreux pour se confesser et
pour prédicateur quelqu'un qui feust d'un autre habit
que celui du Père Arnoux et pratiquer cela judicieuse-
ment. (1) » Comment, en lisant ces lignes, ne pas penser à
Fancan ? Ancien sorboniste, chanoine de Saint-Germain-
l'Auxerrois, pamphlétaire habile, Fancan-Langlois, comme
Pelletier, mettait sa plume au service de la reine-mère et
de Richelieu, mais dans un esprit tout opposé, car, tandis
que Pelletier faisait appel, en leur faveur, aux idées catholiques, Fancan défendait leur cause aux dépens des jésuites
et des ultramontains et au nom de ceux qu'il appelait les
« bons François. » c'est-à-dire au nom des « politiques »,
des gallicans, voire des « libertins (2) ». N'avions-nous
pas raison de dire tout à l'heure que, tout en étant particulièrement adoptée et soutenue par le parti catholique, la

(1) Avenel, I, 685, n. 1.
(2) Voir le livre si neuf et en même temps si insuffisant de Gelley.

candidature de Richelieu au gouvernement ralliait à elle
des aspirations et des tendances diverses ? C'est que, grâce
au caractère négatif et par conséquent éclectique de toute
opposition, grâce à d'habiles ménagements, le cardinal
avait pu, tout en obtenant la confiance des catholiques,
donner des espérances aux héritiers des « politiques » du
XVI<sup>e</sup> siècle, c'est que, dans les diverses régions de l'opinion, on était également las de la politique molle et égoïste
du connétable, c'est que les esprits les plus différents appe-
laient un gouvernement national et énergique, que chaque
parti se flattait de voir marcher dans le sens de ses pré-
férences.

Richelieu fut donc porté au pouvoir par un mouvement
d'opinion en même temps que par une coterie de gens
dévoués et remuants. De cette coterie, — qu'on hésite à
appeler de ce nom quand on considère qu'en travaillant à
la fortune d'un homme elle préparait la grandeur de la
patrie — le Père Joseph était le lien et le centre. On pourrait, pour prouver à quel point il contribua à l'élévation
de Richelieu, se contenter d'invoquer le témoignage du
cardinal lui-même, mais il importe à la connaissance de
notre héros de rechercher quelle sorte de concours il lui
apporta.

Luynes une fois mort, une inclination naturelle, d'autant
plus forte qu'elle avait été plus comprimée, une ancienne
habitude de docilité devaient pousser Louis XIII à aller
chercher auprès de sa mère des conseils et peut-être, par
une pente insensible, une direction, mais deux choses s'y
opposaient : le souvenir d'une régence où la dignité royale
avait été sacrifiée à un indigne favori, la présence aux côtés
de Marie d'un homme dont la supériorité était reconnue de
tout le monde, mais dont l'esprit résolu et altier, perçant
sous des ménagements calculés, était universellement re-
douté. L'appréhension inspirée au roi par cette réputation
fut le point décisif sur lequel portèrent les efforts du Père

Joseph. Mais où donc prenait-il la confiance et l'autorité
nécessaires pour combattre de pareilles préventions ? C'est
ici le lieu de rappeler les sentiments que le clergé régulier
inspirait à la société du XVIIe siècle, la place qu'elle lui
faisait. La renaissance catholique, le péril de la foi avaient
relevé le moine du dédain où le protestantisme et l'huma-
nisme du siècle précédent l'avaient fait tomber et lui
avaient acquis la déférence et la popularité qui revenaient
de droit au champion le plus actif et le plus hardi de la
contre-réformation. Cette déférence et cette popularité
appartenaient surtout aux religieux engagés avec éclat
dans le mouvement catholique qui par l'enseignement, par
la prédication, par la charité, par la prière, était en train
de renouveler dans notre pays les sources de la vie morale,
de refaire une âme à la France. Or le Père Joseph était de
ceux-là. Les titres qu'il avait acquis, ceux qu'il acquérait
tous les jours au service du catholicisme lui ouvraient
l'accès de la cour et lui permettaient d'y user de la plus
grande liberté de langage. Quand il s'adressait au roi,
c'était presque toujours dans un intérêt religieux, tantôt
pour lui parler de son projet de croisade et faire briller à
ses yeux la gloire de libérateur des chrétiens d'Orient,
tantôt pour obtenir son intervention auprès du Saint-Siège
en faveur des capucins ou de la nouvelle congrégation
qu'il voulait fonder. Ces questions, qui ne trouvaient jamais
Louis XIII indifférent, en amenaient d'autres d'un ordre
plus intime et plus délicat. On ne peut dire qu'en les abor-
dant le Père Joseph passât du domaine de la religion dans
celui de la politique, car c'était au point de vue chrétien
qu'il se plaçait pour parler à Louis de ses devoirs de fils,
d'époux et de roi. Il en parlait avec le ton véhément et
inspiré qui lui était habituel, mais sans éveiller l'humeur
ombrageuse de son interlocuteur, grâce au désintéressement qu'il y portait. Et cependant le nom de Richelieu
revenait souvent dans ces entretiens, souvent le capucin,

faisant appel au patriotisme du roi pour combattre ses préventions, lui montrait le cardinal comme le seul homme capable de relever son autorité et de lui faire jouer le rôle glorieux auquel il aspirait. Louis perdait chaque fois un peu de ses appréhensions, chaque fois il comprenait davantage les services qu'il pouvait attendre de celui qu'on lui vantait. La position du Père Joseph dans l'intimité du palais était devenue celle d'un directeur officieux, recevant toutes les confidences, exerçant toute l'autorité que comporte un tel emploi. L'alcôve royal même n'avait pas de secrets pour lui ; les détails qu'il donne dans une lettre du 14 février 1619 (1) sur la consommation du mariage entre Louis XIII et Anne d'Autriche semblent lui avoir été communiqués par le roi lui-même et indiquer qu'il avait contribué à cet heureux rapprochement. Le duc d'Anjou, lui aussi, acceptait son influence, qui était secondée par le gouverneur de ce jeune prince, le colonel d'Ornano et qui, plus tard, souvent combattue, souvent impuissante, ne devait jamais devenir entièrement inefficace.

Pendant qu'il obtenait ainsi le droit de parler librement au roi, à sa mère et à son frère de leurs devoirs, et par suite des affaires publiques, ses liens avec Richelieu se resserraient de plus en plus. Ce n'était plus pour celui-ci, pour le petit cercle intime dévoué à sa personne et à sa fortune le R. Père Joseph, c'était Ezechiely et, à lui seul, ce sobriquet marque la nuance d'affectueuse familiarité qui s'était introduite dans les sentiments dont il était l'objet. On sait que Louis XIII avait officiellement accrédité l'abbé de la Cochère, envoyé à Rome par Richelieu pour presser sa nomination au cardinalat, on sait aussi que le connétable de Luynes et après lui les Brularts neutralisèrent par des démarches

(1) *Revue rétrospective*, 1re série, II, 253. — Cf. dépêches de Bentivoglio et de l'ambassadeur vénitien, citées par Cousin. *Mme de Chevreuse*, 337-38.

secrétés l'effet de la présentation officielle. Le Père Joseph
était tenu constamment au courant des vicissitudes de la
campagne de Sébastien Bouthillier. La correspondance à
laquelle elle donna lieu et dont une partie est arrivée jusqu'à
nous lui était communiquée (1). Lui-même en avait une avec
l'agent de Richelieu, mais, moins heureuse que la première,
celle-ci n'a pas été conservée. Nous savons seulement que
l'abbé entretenait son correspondant de ses intérêts particuliers et de ses démarches pour faire approuver par la
curie la fondation du Calvaire (2).

Tandis que le Père Joseph habituait Louis XIII à l'idée de
donner à son gouvernement la force et l'éclat, au risque de
faire apparaître davantage sa propre insuffisance, les événements travaillaient pour Richelieu. La politique de combat
s'usait avec Condé, qui discréditait l'énergie par le fanatisme,
l'impéritie, l'âpreté au gain ; la politique expectante avec
les Brularts qui faisaient dégénérer la prudence en faiblesse
et en égoïsme, il ne restait plus de place que pour la politique nationale. Au commencement de février 1623, le Père
Joseph, alors à Poitiers, recevait de Richelieu l'invitation
pressante de venir à Paris ; pour le décider à se mettre en
route, malgré la maladie dont il était alors atteint, il le

(1) « Je vous suplie de donner communication de la lettre de M. de
la Cochère au bon P. J.... » Richelieu à l'archevêque de Sens [jan-
vier 1621]. *Inédit*. La lettre de l'abbé de la Cochère, que Richelieu envoie
à l'archevêque de Sens, est celle qui lui avait été écrite par son agent le
10 janvier 1621 (mal datée, 1620), au sujet de la promotion qui venait
d'avoir lieu et dans laquelle il n'avait pas été compris. Cette lettre est
signée *Saint Calixte*, mais sa teneur et son écriture ne permettent pas de
l'attribuer à un autre qu'à Séb. Bouthillier. Elle est inédite. Cf. Avenel, VII, 445. Richelieu à M. Esechieli, janvier 1621. Avenel, I, 639,
et VIII, 20. Séb. Bouthillier à son frère, Claude Bouthillier. Rome,
6 janvier et 8 juin 1621. *Inédit*.

(2) Bouthillier La Cochère à son frère. 30 sept. 1620, 16 janvier,
18 février, 17 et 18 mars 1621. Ces lettres sont inédites.

faisait mander aussi par le nonce et lui envoyait, avec une
obédience, son propre médecin et le baron du Tremblay (1).
Était-ce seulement, comme le ferait croire la lettre de
Corsini, pour que le capucin s'entendit avec la reine-mère
au sujet de l'établissement des Calvairiennes dans le palais
de Luxembourg, qu'il lui adressait cet appel? N'était-ce pas
aussi pour le consulter et s'en servir, au moment où
Schomberg était remplacé dans la surintendance par
La Vieuville et où, malgré ce succès, l'influence de la reine-
mère avait besoin d'être fortifiée? On sait par son biographe
qu'il travailla, une fois rétabli, à maintenir et à resserrer
l'union du roi et de sa mère, qui probablement avait été mise
en péril et cela seul suffirait à prouver que la politique ne
fut pas étrangère à son voyage. Quoiqu'il en soit, quand,
au mois d'août de l'année suivante, Richelieu devint chef du
conseil, il n'eut rien de plus pressé que d'en faire part au
Père Joseph comme au principal auteur de son élévation et
de lui exprimer le besoin urgent qu'il avait de ses conseils.
Le capucin se trouvait alors à Orléans, où il venait de prendre part au chapitre qui lui avait de nouveau conféré la
charge de provincial, quand son frère, Charles du Tremblay, lui remit une lettre du nouveau ministre. Celui-ci lui
apprenait « la faveur qu'il avait reçue du roi l'établissant

(1) « Invio a V. S. I. qui aggiunte le due lettere del Padre procuratore
generale de Cappucini per il P. G. conforme ch'ella mi ha comandato. »
Le Card. Ubaldini à Richelieu. Rome, 30 janv. 1623. *Inédit.* « Non ha
bisogno V. R. d'esortatione alle opere pie ; pero non dubito che le sia
grandemente a cuore la fondatione del monasterio delle Benedittine, che
la Mⁱ della Regina madre instituisce nel sobborgo di S. Germaⁱⁿ, la
quale ha bisogno della presenza di V. R., si come dal S. Card. di Rich.
piu a longo le sarà scritto ; non si vogliono differire l'opere così fatte,
pero trasferiscasi ella quanto prima in questa citta, sicura che farà cosa
grata a S. B. et io aspetto ch'ella mi risponda non con la penna ma di
bocca... » Le Nonce Corsini au P. Joseph, à Poitiers. Paris, 10 février 1623.
*Inédit.* Lepré-Balain a placé cet appel de Richelieu au mois d'octobre.

chef de son conseil et du maniement des affaires de son
État. » Il ajoutait que « comme, après Dieu, il était le principal agent duquel il s'étoit servi pour le conduire et l'élever
à ce haut degré d'honneur, il n'avoit pas voulu diférer
davantage à lui en donner avis, remettant au sieur du Tremblay à lui faire le narré des particularités qui s'étoient
passées en cette promotion en attendant qu'il lui en dît
(diroit) lui-même tous les secrets, le conjurant de le recom-
mander aux prières publiques et privées d'une si considérable compagnie, à ce qu'il pût y servir utilement à la gloire
de Dieu et au bien de l'État. » Il le priait enfin « de hâter
son voyage à cause qu'il y avoit d'importantes affaires
dedans et dehors le royaume, sur lesquelles il falloit prendre résolution et qui pressoient, qu'avant de les résoudre il
lui vouloit communiquer (1). »

Si (2) le Père Joseph avait pu aider à la fortune de Richelieu dans la large mesure que celui-ci s'empressait de
reconnaître, il le devait, nous l'avons dit, à l'influence et au
prestige que son zèle religieux lui avaient acquis. Parmi
les œuvres qui avaient fait connaître et révérer son nom, il
en est une qui doit maintenant nous occuper : c'est la
fondation de la congrégation des bénédictines réformées de

(1) Le texte de cette lettre nous a été conservé par Lepré-Balain.
Sur les idées qui en forment le fond, l'abbé Richard a composé une lettre
de fantaisie.

(2) Pour les preuves de ce qu'on va lire sur les origines du Calvaire,
il faut, en l'absence d'autres renvois, se reporter à la *Vie d'Antoinette
d'Orléans*, écrite par un religieux Feuillant et publiée par M. l'abbé Petit,
à une autre vie inédite et anonyme, qui va jusqu'à l'établissement
d'Antoinette d'Orléans à Lencloitre, à l'ouvrage de M. Bouchet. *Antoinette d'Orléans et le Père Joseph*. Nous devons aussi plus d'un renseigne-
ment au R. P. Emmanuel de Lannodez, capucin.

Notre-Dame du Calvaire. Après avoir été l'occasion des premiers rapports bien constatés de Richelieu et du Père Joseph, cette entreprise, si éloignée, dans la pensée de ses fondateurs, de toute vue mondaine, devait par les sympathies qu'elle éveilla, par les hommes qu'elle groupa, par l'autorité mystique qu'elle conféra au Père Joseph, servir efficacement la destinée politique du cardinal et du capucin.

Au mois d'août 1606, le Père Joseph, en se rendant au chapitre de son ordre qui allait se tenir à Paris, s'arrêta chez sa mère, au château du Tremblay. Il y fut vivement pressé de se faire entendre au prieuré voisin de Haute-Bruyère, qui dépendait de l'ordre de Fontevrault. Comme beaucoup de membres de Fontevrault, le prieuré de Haute-Bruyère était tombé dans le relâchement. L'impression produite par la parole du capucin fut si profonde que, dans un élan unanime, les religieuses manifestèrent le désir de revenir à l'observance étroite de la règle et le chargèrent de faire part à la supérieure générale de leur résolution Cette mission ne fut pas le seul motif qui l'appela à Fontevrault, il voulait aussi obtenir l'appui de l'abbesse, Eléonore de Bourbon, tante du roi, pour établir à Saumur, malgré la résistance du gouverneur protestant, Du Plessis-Mornay, un couvent de Capucins. Alors vivait dans l'abbaye une autre princesse de sang royal. Veuve d'Albert de Gondi, marquis de Belle-Isle, Antoinette d'Orléans-Longueville avait commencé par embrasser la vie religieuse dans le monastère réformé des Feuillantines de Toulouse, puis l'éclat de sa naissance, la réputation de sa sainteté avaient inspiré à quelques personnes de haute piété la pensée de la tirer de l'obscur couvent où elle ensevelissait ses vertus pour l'appeler à la succession de sa tante, Eléonore de Bourbon, et en faire la réformatrice de l'ordre de Fontevrault. Ce projet, soutenu par son cousin, le comte de Soissons et par l'abbesse, avait obtenu la sanction du pape et du roi et, malgré sa répugnance, Antoinette de Sainte-

2

Scholastique (tel était le nom que la marquise de Belle-Isle
portait en religion) avait dû venir assister sa tante dans
l'exercice de sa charge avec le titre de grande-vicaire et la
perspective de lui succéder. En butte à l'hostilité de la plus
grande partie des religieuses qui redoutaient son zèle et
regrettaient Jeanne de Lorraine, précédemment désignée à
la succession d'Eléonore de Bourbon, aspirant d'un coté, à
retourner chez les Feuillantines de Toulouse et croyant
reconnaître dans cette inclination une suggestion de Dieu,
retenue de l'autre par l'abbesse et par le sentiment de
l'obéissance, elle hésitait sur son devoir et était douloureu-
sement agitée par ces mouvements contraires. Quand elle
connut la présence du Père Joseph à l'abbaye, un instinct
très net l'avertit qu'elle trouverait en lui le guide qu'elle
attendait pour mettre fin à ses tourments. Bien que les
conseils du capucin contrariassent ses désirs, cette impression ne s'effaça pas et l'on peut faire remonter jusqu'à cette
première entrevue la parenté spirituelle qui devait conduire
à la fondation du Calvaire. Cette parenté se développa et
s'affermit quand, à la demande d'Eléonore de Bourbon,
désireuse de se servir de ce puissant auxiliaire, le Père
Joseph fut mis à la disposition de l'abbesse par ses supérieurs
qui, dans cette vue, le nommèrent gardien à Chinon. C'était
lui faire un devoir de s'occuper avec suite d'une affaire où
il n'avait vu d'abord qu'une diversion de sa véritable mission
c'est-à-dire de la propagation de la foi catholique, et vers
laquelle depuis un mystérieux entraînement l'avait attiré
malgré lui. Il la prit en effet entièrement à cœur et devint
le véritable directeur d'Antoinette. Il ne put cependant
triompher de la répugnance de celle-ci pour sa situation à
Fontevrault ni pour celle, plus brillante encore, qui l'y
attendait, et elle ne s'y résigna que sur le commandement
itératif du Saint-Siège. Sa résignation fut même plus appa-
rente que réelle, car de nouveaux dégoûts provoquèrent de
sa part un nouveau recours au souverain pontife. Ce recours

eut un meilleur succès que les précédents. En effet, par un
bref du 3 novembre 1609, Paul V chargea le cardinal de
Joyeuse d'examiner ses raisons et de l'autoriser, s'il le
jugeait à propos, à se démettre de sa charge. Le cardinal
commença par chercher à la retenir dans l'ordre en
l'exemptant de l'honneur qui coûtait tant à son humilité ; il
lui proposa ou de se retirer dans une maison de Fontevrault
avec les religieuses qui voudraient embrasser comme elle
la réforme ou d'établir un noviciat où elle formerait pour
les autres couvents des religieuses réformées ou enfin de
vivre dans l'abbaye en qualité de simple religieuse. Mais il
ne réussit à lui faire agréer aucun de ces trois expédients
et il se décida à lui accorder purement et simplement la
liberté de retourner chez les Feuillantines de Toulouse
(mars 1610). Telles étaient les résolutions et la situation
d'Antoinette quand s'ouvrit la succession d'Eléonore de
Bourbon (26 mars 1611). L'évêque de Luçon, appelé par le
Père Joseph pour modifier ces résolutions, ne put y parve-
nir et tous deux se rendirent à Fontainebleau pour les faire
connaître à la reine-mère et diriger son choix. Cependant
un revirement subit s'était produit chez Antoinette, elle se
sentait portée maintenant vers l'un des expédients proposés
par le cardinal de Joyeuse, une impulsion qu'elle faisait
remonter à Dieu, la faisait incliner à établir un noviciat de
religieuses réformées, qui serait l'instrument d'une réforme
générale, et elle ne doutait pas de cette origine surnaturelle
en apprenant que, peu d'instants auparavant, le Père Joseph
avait ressenti la même inspiration. Cette commune pensée
se réalisa. Tandis que Louise de Bourbon-Lavedan était élue
abbesse, Antoinette obtenait de la reine-mère, et bientôt du
souverain pontife l'autorisation de se retirer dans un couvent de Fontevrault avec le titre de coadjutrice et des pou-
voirs assez étendus pour entreprendre et mener à bien la
réforme de l'ordre tout entier. Le couvent choisi par elle et
par le Père Joseph fut le prieuré de Lencloitre en Gironde,

à cinq lieues de Poitiers. Le 26 juillet 1611, elle y fut installée
par le Père Joseph et par Richelieu toujours unis dans une
même sollicitude pour elle et son œuvre. Elle y obtint un
succès complet, le bruit de la réforme qu'elle y opéra se
répandit au loin, les novices y affluèrent, un assez grand
nombre de couvents, désireux d'introduire la régularité
dans leur sein, vinrent lui demander des religieuses. Mais
ce succès fut précisément ce qui, en éveillant les ombrages
de l'abbesse, compromit l'entreprise. Il était difficile à
Louise de Bourbon-Lavedan d'assister sans envie et sans
appréhension à une transformation qui menaçait d'éclipser
son influence au profit de sa coadjutrice et de remplacer la
dévotion aisée, qui attirait tant de néophytes, par une austé-
rité propre à séduire seulement un petit nombre d'âmes
d'élite. Elle chercha donc à entraver et à ruiner l'œuvre
d'Antoinette. Celle-ci dût regretter alors d'avoir, par humilité et par crainte de la lutte, refusé la charge de supérieure
générale et avec elle l'autorité nécessaire pour accomplir
ses projets. Dans ces circonstances, le Père Joseph lui
conseilla de faire construire un couvent à Poitiers et de s'y
établir avec celles de ses filles qui voudraient y vivre avec
elle dans la stricte observance. Il croyait pouvoir compter
sur la protection de l'évêque de cette ville, Henri Chasteigner
de La Rochepozay, qui était son ami et celui de Richelieu,
et son espoir ne fut pas trompé. A la fin de 1614, la première
pierre du nouveau couvent était posée dans le haut quartier
de Saint-Hilaire. Mais l'évêque de Poitiers n'avait pas le
pouvoir de délier Antoinette et ses compagnes de leurs
engagements envers Fontevrault, qui était exempt de sa
juridiction, et, tant que l'autorité pontificale ne l'avait pas
fait, elles ne pouvaient se considérer comme à l'abri des
poursuites de leur supérieure générale. Ce fut encore le
Père Joseph qui régularisa cette situation. L'avenir de la
réforme entreprise par Antoinette fut un des trois grands
intérêts qui l'appelèrent à Rome en 1616. Cet avenir ne lui

apparaissait pas alors comme nécessairement lié à la création
d'une congrégation indépendante (1), mais il était dès lors
fixé sur la règle que la prieure de Lencloître et ses compagnes devaient adopter et sur l'application qu'elles devaient
faire de leurs austérités et de leurs prières. La règle primitive de saint Benoît fut celle qu'il choisit et il voulut que
toute leur vie spirituelle fut dirigée vers la conversion des
hérétiques et l'expulsion des infidèles. Le drame du Calvaire
qui avait si violemment ému sa sensibilité enfantine et
donné l'éveil à sa vocation (2), était resté l'objet habituel de
ses méditations. Ce fut à la délivrance des lieux saints qu'il
voulut faire servir les prières et les mortifications du petit
troupeau d'Antoinette, à cette délivrance en faveur de
laquelle il essayait dans le même temps d'émouvoir l'Europe
chrétienne et qui resta, à travers les événements qui
l'entraînaient vers un autre but, le rêve obstiné de sa vie.

L'idée de fonder une congrégation nouvelle, fût-ce en la
plaçant sous la dépendance d'un ordre déjà existant, souleva
les objections de la curie ; n'était-il pas préférable de réfor-
mer les anciennes et de faire profiter ce grand ordre de Fontevrault des vertus et de l'exemple d'Antoinette? Un moment
le Père Joseph désespéra du succès, mais un revirement
inattendu se produisit dans les dispositions de Paul V et de
ses conseillers. Le Père Joseph en attribua le mérite à
l'intercession de saint Charles Borromée, parce que ce fut
le jour de sa fête (4 novembre) et à la suite d'un recours au
saint archevêque de Milan que deux des cardinaux les plus
contraires à sa proposition, vinrent lui annoncer que le

(1) « ... J'ay voulu que vous fussiez en quelque dépendance des
évêques..... d'autres fois, il me sembloit que ce devoit être de Fontevrault, puis des Feuillans ou bien des religieux de la Congrégation de
Saint-Maur..... » 1ᵐ exhortation aux Calvairiennes.
(2) Voy. *La jeunesse du Père Joseph et son rôle dans la pacification de
Loudun.*

souverain pontife consentait à toutes ses demandes. Ses
contradicteurs avaient sans doute réfléchi que l'antagonisme
de l'abbesse et de la coadjutrice laissait à la réforme peu de
chance de s'accomplir au profit de l'ordre où elle avait pris
naissance et que, sous peine de rester stérile, elle devait
être transplantée dans un terrain plus favorable. En séparant
de Fontevrault et en constituant en congrégation la communauté dirigée par Antoinette, le Saint-Siège n'en fit pas
pourtant une congrégation indépendante, il la rangea sous
l'autorité d'un autre ordre. Par trois brefs rendus le même
jour (26 avril 1617), Paul V transférait Antoinette et ses
religieuses de Lencloitre à Poitiers, dans le couvent dont la
construction avait été commencée deux ans auparavant. les
plaçait sous la règle et la direction des Feuillants, dans
l'Institut desquels elle avait fait profession, l'autorisait à
fonder à Angers, à Laval et à Saint-Pol-de-Léon des couvents
soumis aux mêmes conditions et, pour ne pas perdre le fruit
qu'elle avait obtenu à Lencloitre, défendait d'y introduire
des religieuses non réformées. Au mois de juin 1617, le
nonce Bentivoglio remettait ces brefs au Père Joseph (1),
au mois d'octobre les actes nécessaires à la translation
d'Antoinette et de ses compagnes étaient expédiés par la
chancellerie royale. Le Père Joseph le lui notifia aussitôt
et, le 24 du même mois, elle se transporta à Poitiers avec
vingt-quatre religieuses professes de Lencloitre. Il ne lui
fut pas donné de voir sa communauté grandir, conquérir
son autonomie et la faire reconnaître par l'ordre même
dont elle était un rameau. Elle ferma les yeux le 25 avril 1618
en désignant le Père Joseph, dont l'assistance lui fit défaut
à ses derniers moments, comme le guide infaillible qui avait
conduit tous ses pas et que ses filles devaient suivre aveu-
glément. Cette déclaration ne lui était pas seulement dictée
par son humilité habituelle, elle était conforme à la vérité.

(1) Bentivoglio à Borghese. Melun, 20 juin 1617.

Sans doute la mort prématurée d'Antoinette ne doit pas faire
méconnaître sa part dans la fondation du Calvaire. L'âme
de toute œuvre spirituelle ou morale, c'est toujours la personne dont l'initiative et l'exemple entraînent et retiennent
les premiers adeptes. En ce sens, Antoinette fut bien la
vraie fondatrice du Calvaire ; ses vertus, rehaussées par sa
naissance, entourèrent les débuts du Calvaire d'un éclat
mystique, qui provoqua des vocations et attira la vénération
du siècle, mais les qualités qui donnent l'ascendant moral
et le concours dévoué des volontés ne suffisent pas à assurer
le succès d'une entreprise, si étrangère qu'on la suppose
aux préoccupations temporelles ; il y faut encore des qualités d'un ordre en apparence secondaire : le caractère,
l'énergie, le savoir faire. Ce n'est pas faire injure à Antoinette que de dire qu'elle semble avoir été dépourvue de ces
dons qui, au point de vue de l'idéal mystique, ne valent
peut-être pas le complet abandon à Dieu. La résolution
hardie de rompre avec Fontevrault, la conception de l'autonomie, le recours à Rome, tout cela vint du Père Joseph.
C'est encore grâce à ses efforts que nous allons voir l'œuvre
commune se développer après la mort d'Antoinette et jeter
des racines assez profondes pour subsister jusqu'à nos jours.

Ce fut toutefois sans le consulter que les religieuses de
Poitiers fondèrent en 1619 un couvent à Angers. Il est vrai
qu'elles agissaient en cela suivant ses intentions et ne faisaient qu'user du droit que leur avait accordé l'un des brefs
du 26 avril 1617, mais leur précipitation les plaça dans une
situation fausse et périlleuse, car, en acceptant les conditions d'établissement proposées par l'évêque d'Angers, elles
ne s'aperçurent pas qu'elles se soumettaient à sa juridiction
et rompaient ainsi leur lien avec leur couvent de Poitiers,
placé, lui aussi, sous la juri ction de l'ordinaire. Ce ne fut
qu'en 1631 que le Père Joseph parvint, en obtenant la
renonciation de l'évêque d'Angers à ses droits, à réparer les
conséquences de leur imprudence. Leur établissement dans

cette ville provoqua la protestation des Feuillants. Ceux-ci
vouldient bien garder les religieuses sous leur direction,
mais ils ne désiraient pas les voir multiplier leurs maisons
de façon à devenir une congrégation, et ils espéraient que
leur réforme ne s'étendrait pas au delà du couvent de
Poitiers. Quand ils reconnurent qu'ils tentèraient vainement
d'en arrêter l'essor, ils préférèrent renoncer à l'union. En
même temps l'abbesse de Fontevrault abandonnait la
prétention de faire rentrer les anciennes religieuses de
Lencloître sous son autorité et la congrégation, libre de tous
liens, put dès lors s'avancer vers sa destinée définitive.
Marie de Médicis et le Père Joseph eurent la plus grande
part à cet abandon. C'est la reine-mère et le Père Joseph qui
obtinrent de Louise de Bourbon-Lavedan son désistement à
l'appel comme d'abus qu'elle avait introduit au grand conseil
contre les brefs du 26 avril 1617 ; c'est à la sollicitation du
Père Joseph que, le 21 mai, le roi adressa au sénéchal
d'Anjou des lettres autorisant l'établissement des religieuses
à Angers, c'est lui qui, le 8 juin, fit évoquer au conseil du
roi l'instance portée par l'abbesse devant le grand conseil.
Il prêchait en même temps à celle-ci la conciliation. La
nouvelle congrégation lui fut redevable de la protection
déclarée et persévérante de la reine-mère. Cette dernière
écrivait à l'abbesse et lui envoyait son homme de confiance,
Sébastien Bouthillier, pour l'amener à une transaction définitive, elle acceptait le titre de fondatrice du couvent qu'on
allait élever à Angers, capitale de son gouvernement, donnait le terrain et présidait à l'érection solennelle de la croix
sur l'emplacement qu'il devait occuper. Sa prédilection pour
les Calvairiennes se manifesta d'une façon plus sensible
encore le jour où elle les établit à côté d'elle, dans le parc
de son palais de Luxembourg, en les gratifiant de cinq
arpents de terre, d'une somme considérable et d'une rente
de 1,000 livres (6 juin 1621) (1). Son nom, son influence

(1) Le cloître et le portail du couvent fondé par Marie de Médicis

se trouvent à l'origine de presque tous les actes qui ont constitué la congrégation du Calvaire. Le plus important de ces actes, le premier qui fonda son autonomie est la bulle *Ad militantis ecclesiœ regimen* du 22 mars 1621, par laquelle Grégoire XV consacrait sa séparation de l'ordre des Feuillants, la plaçait sous l'autorité de trois supérieurs majeurs nommant eux-mêmes leurs successeurs et, en l'autorisant à introduire la règle primitive de saint Benoît dans les couvents de Bénédictines non réformées, en autorisant les couvents réformés à s'unir à elles, en faisait pour les religieuses de l'ordre de Saint-Benoît ce que la congrégation de Saint-Maur était pour les religieux : le type et le fondement de la réforme. C'est encore sous l'influence de Marie de Médicis que furent rendues, au camp de Saint-Jean-d'Angély, peu de temps avant qu'elle se séparât du roi, les lettres patentes confirmant cette bulle. En 1625, quand le Père Joseph retourna à Rome, la reine-mère appuya auprès du souverain pontife et de l'ambassadeur du roi les démarches que le capucin allait faire dans l'intérêt du Calvaire (1). En un mot, parmi les œuvres d'édification qui profitèrent de la piété de Marie de Médicis, le Calvaire eut une place à part et cette prédilection ne contribua pas peu aux sentiments que cette princesse portait au Père Joseph et qu'elle lui conserva dans l'exil (2).

existent encore et ce dernier attire l'attention de tous ceux qui passent devant le Petit-Luxembourg, par le caractère original de son architecture. Voy. Lebœuf, *Hist. de la ville et du diocèse de Paris*, édit. Cocheris, III, 175.

(1) Marie de Médicis à Marquemont. Paris, dernier janvier 1625. *Inédit.*

(2) On trouve, dans le registre inédit des fondateurs et bienfaiteurs du monastère du Calvaire de la Compassion, des témoignages de la générosité et de la prédilection persistantes de Marie de Médicis pour la congrégation. « Notre T. R. M. Madeleine de la Passion de Rieux... la [la reine-mère] fit plusieurs fois visiter dans son exil par des expres...

Uni au Père Joseph et à la reine-mère par les mêmes vues politiques, Richelieu le fut aussi par sa sollicitude et sa sympathie pour le Calvaire. En 1624, la première pierre du couvent de Loudun fut posée en son nom et il contribua, pour une large part, aux dépenses. Ce couvent recueillit les religieuses qu'Antoinette avait laissées à Lencloître et qui brûlaient de rejoindre leurs sœurs dans la congrégation nouvelle. Les constructions épuisèrent toutes leurs ressources et, si restreints que fussent leurs besoins, ils se trouvèrent encore supérieurs à leurs moyens d'existence, imprévoyance touchante qui signala la naissance de plusieurs de leurs établissements. La participation de Richelieu à la fondation du Calvaire de Loudun ne fut ni le premier ni le dernier témoignage de son intérêt pour la congrégation. On sait déjà combien il fut étroitement mêlé à ses débuts. Une de ses cousines germaines, Madeleine de la Porte entra au Calvaire de Morlaix. En 1634 il faisait poser la première pierre du Calvaire du Marais ou de la Crucifixion par sa nièce, la duchesse d'Aiguillon. Le 8 juillet 1636, il constituait, au profit de ce couvent, destiné à devenir la maison mère et le séminaire de la congrégation, une rente perpétuelle de 1,000 livres ; cette rente était affectée à l'entretien d'une lampe devant l'autel de la Vierge et à la célébration d'une

auxquels elle disoit : « Tout le monde m'a délaissé dans mon affliction ; il « n'y a que les Filles du Calvaire qui se soient souvenues de moi... » Elle envoya de l'exil au même monastère plusieurs cadeaux, notamment une chapelle de bois argenté, à laquelle elle joignit le billet suivant : « Recevez, mes filles, ce présent... qui n'est pas tel que j'eusse bien « désiré, mais la pauvreté où je suis réduite est cause que je ne vous en « puis envoyer de plus beau... » Cette très regrettée princesse eut sans doute fait son Val-de-Grâce du Calvaire de Saint-Germain, sans sa disgrâce.. » Voy. aussi l'*Épître à la Reine mère du Roi*, en tête de *La Vocation des religieuses de la première règle de saint Benoist, fondée par la R. M. Antoinette d'Orléans de Sainte-Scholastique,* etc. Paris, chez Jean Fouet, 1621.

messe hebdomadaire à l'intention du fondateur ; en même
temps il mettait à la disposition des administrateurs une
somme de 6,000 livres pour l'avancement des travaux. Quelques mois après, il ajoutait à ces libéralités une somme de
30,000 livres destinée au même objet et aussi à la fondation
d'une messe, dans le couvent de la Compassion, au faubourg
Saint-Germain. C'est au sortir de la communion, le Père
Joseph nous l'apprend, que Richelieu prit cette pieuse résolution (1), c'est aussi sous l'impression des revers militaires
qui en 1636, dans la terrible « année de Corbie », ébranlè-
rent sa fermeté et portèrent l'alarme jusque dans Paris.
Mais il faut se garder de ne voir dans ces fondations pieuses
et dans l'accent de dévotion grave et pénétrant avec lequel
elles sont faites, qu'un élan passager, superficiel, dû à des
circonstances extérieures. C'est, au contraire, du fond
intime, originel et persistant de l'âme de Richelieu que
procèdent ici ses actes et son langage, comme en procède sa
prière à la Vierge pour qu'elle obtienne par son intercession
la paix de la chrétienté, cette paix qui permettra de soula-
ger « le pauvre peuple de France » et d'accomplir dans le
pays, en même temps qu'une réforme sociale, une réforme
morale. Catholique par intelligence des intérêts de la
France, par éducation, par profession, par l'atmosphère
morale qu'il respirait, Richelieu l'était encore par le tour
de son esprit sérieux, réfléchi, replié sur lui-même. C'est
par ce sentiment, à la fois très vif et très raisonné, que le
Père Joseph avait prise sur lui. Les termes mêmes dans
lesquels notre capucin fait part à la supérieure, sœur
Madeleine de la Passion, de la fondation de Richelieu, laissent entrevoir cette influence (2). Le Calvaire y entrait pour
quelque chose. Entre Richelieu et le Calvaire il y avait un
commerce spirituel, dont le Père Joseph était l'intermé-

(1) Avenel, V, 497-499.
(2) Avenel, *Ubi supra*.

diaire. Le capucin donnait au cardinal des nouvelles des
calvairiennes malades et entretenait les calvairiennes des
succès, des anxiétés, des périls de son ami, il le leur présen-
tait comme un génie supérieur doué et élu par Dieu pour
travailler ici-bas à sa gloire et qui devait être soutenu par
leurs prières. La politique, en tant qu'elle se ramène à des
questions de conscience, franchissait donc le seuil du Calvaire, dans ce milieu exalté par les austérités et la médita-
tion (1), elle enfantait des visions et des révélations dont nous
avons cité un exemple, et qui venaient fortifier l'autorité des
conseils que le Père Joseph adressait au roi, à la reine-
mère, à Richelieu, à Gaston d'Orléans.

Ce fut à ce dernier, docile instrument pour le bien comme
pour le mal de ceux qui l'entouraient, que le Calvaire
d'Orléans dut son existence. Conçue et entreprise par la
pieuse Marguerite Mallier, femme de Jean Cardinet, prévôt
d'Orléans (2), avec laquelle le Père Joseph entretenait une
correspondance spirituelle et que peut-être il avait conver-
tie (3), cette fondation se heurta pendant longtemps à la
résistance de l'évêque et des habitants et ce ne fut qu'en 1638
et grâce à l'intervention du frère du roi qu'elle pût être
accomplie.

Nous venons de nommer les protecteurs les plus éminents
du Calvaire ; il en est d'autres que nous devons également
signaler parce qu'ils font partie de ce groupe que le zèle
religieux avait formé autour du Père Joseph et au sein
duquel il faut se replacer si l'on veut se rendre compte de
sa situation et de son influence sociales.

(1) Voy. *La préparation à la rupture ouverte avec la maison d'Autriche
et la succession politique de Richelieu.*

(2) Il était prévôt d'Orléans, en 1614. Arch. du Loiret, A, 1083.

(3) « Le P. J. entretenoit une correspondance pieuse avec feu Mlle la
prévôte, mère de celui qui exerce la charge de juge-prévôt d'Orléans. Je
ne m'arrête pas à des éloges qui méritent un livre exprès ; seulement, je
dirai que, peu après sa conversion miraculeuse, etc.... » Lepré-Balain.

Ce fut, par exemple, à l'ombre du Calvaire que se formèrent
et se resserrèrent ses liens avec Philippe Cospéan, qui fut
successivement évêque d'Aire, de Nantes et de Lisieux.
Prédicateur estimé, ayant peut-être fait faire à l'éloquence
de la chaire moins de progrès qu'on ne l'a dit (1), mais
sachant du moins par moments trouver le chemin du cœur,
sa parole avait éveillé chez les religieuses de Lencloitre le
premier désir d'une réforme. Il avait eu un grand commerce
avec Antoinette d'Orléans, quand elle était coadjutrice de
Fontevrault, et avait gardé un pieux souvenir de sa mémoire.
En 1623, il appela les calvairiennes dans sa ville épiscopale
de Nantes et, avec la reine-mère qui accepta encore le
patronage de cette nouvelle fondation, les assista dans les
mille traverses qu'elles eurent à subir. La même année, il
devint l'un des supérieurs majeurs de la congrégation et
approuva les constitutions rédigées par le Père Joseph une
première fois à cette date de 1623 puis, sous une forme plus
développée et définitive, en 1634 (2).

Parmi ceux qui concoururent avec celui-ci à la fondation
et au développement du Calvaire, il faut encore nommer
quatre prélats, qui furent appelés à le diriger en qualité
de supérieurs généraux : Jean Davy Du Perron, archevêque
de Sens (3), Sébastien Bouthillier, évêque d'Aire, Henri de
Gondi, cardinal-évêque de Paris, René du Louet, évêque de
Quimper. Nous avons dit l'intimité, l'étroite entente qui
unissaient les deux premiers au Père Joseph et à Richelieu.
Le troisième était beau-frère d'Antoinette d'Orléans et

(1) Jacquinet : *Les prédicateurs du XVIIᵉ siècle avant Bossuet*, p. 74-78.
Livet, *Philippe Cospéan, sa vie et ses œuvres*, 1854.

(2) *Approbation des présentes constitutions par l'autorité apostolique* à
la suite des *Considérations sur la règle de saint Benoist sur lesquelles sont
fondées les constitutions...* Paris, Séb. Cramoisy, 1634.

(3) « ... L'amitié qu'il a portée à Mᵐᵉ d'Orléans... Il est tout feu pour
vous... » Le P. J. à la supérieure générale du Calvaire. 18 novembre 1620
*Inédit.*

l'intérêt de ses neveux, privés de leur mère dans un âge
encore tendre, peut-être aussi l'ambition de lui voir occuper
dans la vie religieuse un rang plus digne de sa naissance,
lui avaient fait faire tous ses efforts pour arracher sa
belle-sœur du couvent des Feuillantines de Toulouse. Cela
ne l'empêcha pas plus tard de porter un grand intérêt aux
Calvairiennes et de devenir l'un de leurs premiers supérieurs. Il avait pour le Père Joseph une grande estime et
une vive affection (1). Quant à René du Louet, plus souvent
désigné dans la littérature calvairienne sous le nom de
M. de Kerguilio, personne mieux que lui ne connut la tradi-
tion historique du Calvaire, car, associé à ses origines, il
assista et prit part à ses progrès jusqu'à la fin de sa carrière
qui ne se termina qu'en 1666. Le Père Joseph n'eut pas de
collaborateur plus actif dans son entreprise; René du Louet
contribua notamment, n'étant encore que chantre de la
cathédrale de Saint-Pol-de-Léon, à fonder le Calvaire de
Quimper, sa future ville épiscopale (1634). Le Calvaire
rappelle encore les noms de l'évêque de Poitiers, Henri
Chasteigner de La Rochepozay, dont nous avons dit les titres
à la reconnaissance des Calvairiennes, d'Anne-Geneviève de
Bourbon, duchesse de Longueville et nièce d'Antoinette, de
Françoise de Lorraine, duchesse de Vendôme, de la mère
Anne de Saint-Barthélemy (2), disciple préférée de sainte
Thérèse, de Mme de Lozon (3) de Delaunay de Razilly, le
marin et l'explorateur que le Père Joseph devait retrouver
comme auxiliaire dans les missions étrangères.

(1) « ... Le Cardinal de Retz qui estimoit et cherissoit grandement le
R. P. » Lepré-Balain.

(2) Voyez sur cette religieuse carmélite qui fut en correspondance
avec le Père Joseph l'ouvrage du R. P. Poüix.

(3) Elisabeth Damour, femme de M. de Lozon, conseiller à la grand'-
chambre du Parlement de Paris, seigneur d'Aubervilliers et de Clamart,
morte le 30 janvier 1631. Arch. nat. Fonds du Calvaire, L. 1053.

C'est au sein de ce cortège, qui se grossissait d'une foule de gens obscurs mais non moins remuants pour cela, que nous apparaît le fondateur du Calvaire. On comprend maintenant qu'en racontant sommairement la naissance et le développement de cet institut, nous n'avons pas seulement écrit un chapitre d'histoire religieuse, mais fait connaître une partie des titres du Père Joseph à cette influence sociale dont Richelieu profita. On méconnaîtrait entièrement l'esprit du XVIIe siècle si l'on oubliait que la religion obtenait alors l'assentiment et le dévouement presque universels des esprits et des cœurs et que les services qu'on lui rendait étaient le chemin le plus sûr pour arriver à la popularité, à la considération et à l'influence.

IMPRIMERIE PAUL GIRARDOT, ORLÉANS.